Cuxhaven

In der Schifffahrt ist ein Semaphor ein Signalmast mit mehreren beweglichen Armen. An der Alten Liebe gibt er uns Auskunft über die Geschwindigkeit und Richtung des Windes auf den Inseln Borkum (B) und Helgoland (H). Der Semaphor in Cuxhaven wurde 1904 errichtet und ist heute ein technisches Denkmal.

In shipping, a semaphore is a signalling device consisting of a mast to which moveable arms are attached. The one at the Alte Liebe provides information on wind speed and direction on the islands of Borkum (B) and Heligoland (H). This semaphore at Cuxhaven was erected in 1904 and is preserved as a technological monument.

En navigation, le sémaphore est un mât de signalisation à plusieurs bras mobiles. Celui de l'Alte Liebe nous renseigne sur la vitesse et la direction du vent sur les îles de Borkum (B) et Helgoland (H). Erigé en 1904, il reste aujourd'hui un monument de la technique.

# Cuxhaven

## Ein Porträt · A Portrait · Un portrait

von
Hermann Gutmann (Text)
und
Bernd Schlüsselburg (Fotos)

Mit 62 Abbildungen

EDITION TEMMEN

Die Deutsche Bibliothek verzeichnet diese Publikation in
der Deutschen Nationalbibliografie; detaillierte bibliografische Daten sind
im Internet über http://dnb.ddb.de abrufbar.

Übersetzungen:
Hildegard & David Skevington (Englisch)
Elisabeth Dumontier (Französisch)


Hohenlohestr. 21 - 28209 Bremen
Tel. 0421-34843-0 - Fax 0421-348094
info@edition-temmen.de - www.edition-temmen.de

Gesamtherstellung: Edition Temmen
ISBN 978-3-8378-5026-0

# Cuxhaven

## Ein Porträt

Der alte Prange mit seiner etwas heiseren Stimme begrüßte uns in Duhnen immer als Erster, was allerdings an uns lag. Zu ihm führte uns unser erster Weg. Herr Prange war zuständig dafür, dass wir einen gut positionierten Strandkorb bekamen. Er kannte unsere Vorlieben.
Außerdem war der alte Prange unser Meteorologe vom Dienst. Damals, Anfang der 1960er Jahre, trug man aktuelle Wetterberichte noch nicht in der Hosentasche bei sich. Man ging zu Herrn Prange, dem Strandkorbvermieter, schnackte ein bisschen und fragte, was er wohl von den Wetteraussichten halte.
Herr Prange war ein Optimist, der zumindest für den Raum Cuxhaven einen immerwährenden blauen Himmel voraussagte - jedenfalls für die nächsten drei Wochen. In drei Wochen war unser Urlaub zu Ende. Er hat nicht immer recht gehabt. Und wenn wir uns bei Regenwetter morgens auf den Weg zu unserem Strandkorb machten und bei Herrn Prange vorbeigingen - mit einem vorwurfsvollen Blick in den wolkenverhangenen Himmel, dann meinte er: »Ein bisschen Regen gehört dazu! Morgen wird's wieder besser!«

Die Cuxhavener sprechen hamburgisch. Zumindest haben sie einen hamburgischen Klang auf der Zunge. Und das kommt nicht von ungefähr.

## A Portrait

Old Herr Prange, with his slightly husky voice, was always the first one to greet us in Duhnen. The reason being that he was our first port of call. Herr Prange ensured that we would have a well-positioned wicker beach chair. He knew our preferences.
Moreover, old Herr Prange was our resident meteorologist. At that time, in the early 60s, one didn't carry around a copy of the current weather forecast in one's trouser pocket. Rather, one went to see Herr Prange, who rented out the beach chairs, had a little chat with him and enquired what he thought of the weather prospects.
Herr Prange was the eternal optimist who, as far as the Cuxhaven region was concerned, forecast perpetual blue skies - at least for the next three weeks. In three weeks our holiday would be over. He wasn't always right of course. And when, on a rainy day, we set out for our beach chairs in the morning and went past Herr Prange on the way - with a reproachful look on our faces directed towards the overcast sky - he retorted: "A bit of rain is part of it all! It'll improve again tomorrow!"

The Cuxhaveners speak like the people of Hamburg. At least this is what it sounds like. And not by accident.
Since 1394 the red Hamburg flag with the three white towers has been flying on Ritzebüttel Castle. And Cuxhaven owes it

## Un portrait

Le vieux Prange était toujours le premier à Duhnen à nous saluer de sa voix un peu rauque, en effet c'est vers lui que nous menaient nos premiers pas. Obtenir une guérite de plage bien située relevait de la compétence de Monsieur Prange. Et il connaissait nos préférences.
En outre le vieux Prange était notre météorologue de service. A cette époque, au début des années 1960, on n'avait pas encore de bulletins météorologiques comme aujourd'hui. Alors on allait voir Mr Prange, le loueur de guérites, on bavardait un peu et on lui demandait quel temps il prévoyait.
Mr Prange était un optimiste qui, au moins pour la région de Cuxhaven, prédisait un ciel bleu en permanence - en tout cas pour les trois semaines à venir. Or au bout de trois semaines notre congé prenait fin. Mais il n'avait pas toujours raison. Et quand, les matins de pluie, nous croisions Mr Prange sur le chemin de notre guérite et jetions un regard plein de reproches vers le ciel nuageux, il disait : « Il faut bien un peu de pluie ! Demain il fera meilleur ! »

Les gens de Cuxhaven parlent comme ceux d'Hambourg. Ils ont du moins sur la langue la même intonation qu'à Hambourg. Et cela n'est pas fortuit, car dès 1394 le pavillon d'Hambourg, rouge avec trois tours blanches, flottait déjà sur le château de Ritzebüttel. Et c'est aussi à un Hambourgeois

Seit dem Jahre 1394 wehte auf dem Ritzebütteler Schloss Hamburgs rote Flagge mit den drei weißen Türmen. Und einem Hamburger ist es auch zu verdanken, dass Cuxhaven ein Seebad wurde.
Es war im Jahre 1809, da ein neuer Hamburger Amtmann in Ritzebüttel eintraf: Amandus Augustus Abendroth. Abendroth hatte sich wohl vorbereitet auf seine neue Aufgabe. Er hatte den 1793 erschienenen Bäder-Aufsatz »Warum hat Deutschland noch kein großes öffentliches Seebad?« von Georg Christoph Lichtenberg gelesen und sich das bereits 1794 gegründete mecklenburgische Stranddorf Doberan angeguckt. Abendroth plante, in dem kleinen Fischer- und Lotsendorf Cuxhaven ein Seebad anzulegen. Die Franzosenzeit kam ihm dazwischen.
Doch im Jahre 1816 war es so weit: Abendroth gründete das Seebad - er war Gestalter, Finanzier und Kurdirektor. 1818 schrieb er den ersten Cuxhavener Badeführer, der, wie ein Chronist aus den fünfziger Jahren des vorigen Jahrhunderts anmerkte, »in seiner Art von keinem späteren übertroffen worden ist«.
Der Betrieb des Seebades begann mit warmen Seebädern in einem Badehaus an der Alten Liebe. Es war ein »komfortabel« eingerichtetes strohgedecktes Holzhaus, erbaut im Schweizer Stil. Daneben stand ein »zierlicher« Aussichtspavillon.

Im Badehaus wurden Dampf-, Wannen- und Duschbäder angeboten, »letztere gesondert als Tropf-, Regen-, Sturz- und Spritzbäder, je nach Verordnung des Arztes«. Gebadet wurde aber auch in der offenen See.

to a citizen from Hamburg that it became a seaside resort.
It was in 1809 that a new Hamburg magistrate arrived at Ritzebüttel: Amandus Augustus Abendroth. Abendroth had prepared himself well for his new assignment. He had read the article entitled "Why does Germany not yet have a large public seaside resort?" written by Georg Christoph Lichtenberg and published in 1793. He had also visited the Mecklenburg village of Doberan which had already been founded as a beach resort in 1794. Abendroth planned to create a seaside resort in the small fishing and pilots' village of Cuxhaven, but the French advance into Germany intervened.
In 1816 however, the time had come to fulfil his aim: Abendroth founded the seaside resort - he was the designer, the financier and the spa director. In 1818 he wrote the first Cuxhaven Resort Guidebook which, in the words of a chronicler from the 1950s, "in its own way has not been outdone by any of the subsequent ones".
The operation of the resort got underway with warm sea baths in a bathing house by the Alte Liebe. It was a "comfortable" thatched timber building in the Swiss style. Next to it was a "graceful" observation pavilion.

The bath house offered steam, tub, and shower baths, "the latter with separate drip, rain, fast-flowing and spraying baths, depending upon the doctor's prescription". In addition bathing was also undertaken in the open sea.
This was done from bathing machines which were pulled into deep water by

que Cuxhaven doit d'être devenue une station balnéaire. Cela se passait en 1809, à l'arrivée à Ritzebüttel d'un nouveau bailli venant d'Hambourg : Amandus Augustus Abendroth. Il s'était bien préparé à sa nouvelle tâche, en lisant l'article sur les bains de mer de Georg Christoph Lichtenberg, paru en 1793 « Pourquoi l'Allemagne n'a-t-elle pas encore de grande station balnéaire publique ? » et en s'intéressant à Doberan, ce village côtier du Mecklenbourg fondé dès 1794. Abendroth projetait d'installer une station balnéaire dans le petit village de pêcheurs et de lamaneurs de Cuxhaven. La période française l'en empêcha.
Mais en 1816 ce fut le moment : Abendroth fonda la station balnéaire - il en fut le réalisateur, le financier et le directeur. En 1818 il écrivit le 1er guide de la station de Cuxhaven, qu' « aucun autre de ce genre n'a ultérieurement surpassé », comme le nota un chroniqueur des années 50 du siècle dernier.
L'activité de la station commença par des bains d'eau de mer chauds à l'Alte Liebe, dans une maison de bois au toit de chaume « confortablement » aménagée, construite dans le style suisse, à côté d'un « gracieux » pavillon panoramique.

Dans cet établissement on proposait des bains de vapeur, en baignoire et des douches, « ces dernières pouvant être en gouttelettes, en pluies, en jets ou en arrosages, selon la prescription du médecin ». Mais on se baignait aussi directement dans la mer. Cela se faisait dans des charrettes tirées par des chevaux depuis la plage jusque dans l'eau profonde. On pouvait aussi se faire

Das geschah von Badekarren aus, die am Strand bei der Badehausallee von Pferden ins tiefe Wasser gezogen wurden. Man konnte sich aber auch in einer Schute, auf der sich ein Ankleidezelt befand, auf den Strom hinausfahren lassen. Von Bord aus sprang man dann ins Wasser. Und zwar nackt - denn Badehemden, Badeanzüge und Badekappen gab es noch nicht.
Das Geschäft begann zu florieren. Doch 1821 verließ Abendroth Ritzebüttel - und damit sank auch der Stern des jungen Seebades Cuxhaven. Feuer und Sturmfluten machten dem Badebetrieb zusätzlich zu schaffen. Wer baden wollte, ging fortan nach Döse. 1882 schlossen sich finanzkräftige Cuxhavener zu einer Cuxhavener Seebad A.G. zusammen, und bei Grimmershörn entstanden neue Badeanstalten. Danach ging es bergauf. Cuxhaven entwickelte sich zusammen mit Döse und Duhnen zu einem der führenden deutschen Nordseebäder.
Bereits 1875 hatten sich die selbstständigen Gemeinden Cuxhaven und Ritzebüttel vereinigt. Zusammen mit Döse wurden sie 1907 zur Stadt Cuxhaven proklamiert. 1935 kam Duhnen hinzu.
Im Jahre 1937 wurde Cuxhaven von der alten Mutterstadt Hamburg abgetrennt. Acht Jahre gehörte die Stadt zu Preußen. Seit 1945 bildet Cuxhaven die nördlichste Spitze des Bundeslandes Niedersachsen.

Die Herkunft des Namens Cuxhaven liegt im Dunkel der Geschichte. Das 16. Jahrhundert könnte eine Antwort geben: Koogshaven, ein Hafen am Koog. Der Koog wiederum ist ein vom Meer abgewonnenes und eingedeichtes Land.

horses from the bath house by the beach avenue. It was also possible to be taken out to sea on a barge with a tent for changing from which one jumped straight into the water. Naked, that is - as bathing costumes and caps did not as yet exist.
Business boomed. However, in 1821 Abendroth left Ritzebüttel and with his departure the good fortunes of the fledgling seaside resort of Cuxhaven began to wane. Fires and storm tides also played their part in the decline of bathing activities. Those wanting to take to the waters now headed for Döse. In 1882, well-off Cuxhaveners clubbed together and formed the Cuxhavener Seebad A.G. and new swimming baths were opened. Things were looking up. Together with Döse and Duhnen, Cuxhaven became one of the leading seaside resorts on the German North Sea coast.
As early as 1875 the independent communities of Cuxhaven and Ritzebüttel had conjoined. Together with Döse they were proclaimed as the City of Cuxhaven in 1907. And in 1935 Duhnen joined them. In 1937 Cuxhaven was separated from its old mother town, Hamburg. For eight years it belonged to Prussia. Since 1945 Cuxhaven has been the northernmost point of the Federal State of Lower Saxony.

The origin of the name Cuxhaven is lost in the mists of time. The 16th century might be able to provide an answer: Koogshaven, a harbour by the Koog. A Koog is land reclaimed from the sea and protected by a dyke.

emmener dans une gabare ayant à bord une tente pour se changer, d'où l'on sautait dans l'eau, nu - car les costumes et bonnets de bain n'existaient pas encore.
Les affaires devenaient florissantes. Mais en 1821 Abendroth quitta Ritzebüttel - et alors l'étoile de la jeune station de Cuxhaven déclina également. Incendies et inondations créèrent des problèmes supplémentaires à l'exploitation balnéaire. Pour se baigner il fallait désormais aller à Döse. En 1882 de puissants fortunés de Cuxhaven s'allièrent pour faire de la station balnéaire une S.A. et de nouveaux établissements de bains apparurent à Grimmershörn. Alors les affaires prospérèrent. Avec Döse et Duhnen, Cuxhaven devint l'une des stations allemandes les plus renommées de la mer du Nord.
Dès 1875 les communes indépendantes de Cuxhaven et Ritzebüttel s'étaient regroupées. Avec Döse elles furent proclamées en 1907 Ville de Cuxhaven, à laquelle s'ajouta Duhnen en 1935.
En 1937 Cuxhaven fut séparée d'Hambourg, son ancienne ville-mère. Pendant 8 ans la ville fit partie de la Prusse. Depuis 1945 Cuxhaven constitue la pointe la plus septentrionale du Land de Basse-Saxe.

L'origine du nom Cuxhaven reste dans le flou historique. Le 16ème siècle pourrait apporter une réponse : Koogshaven, un port sur le « Koog », terrain gagné sur la mer et endigué.
De toute façon c'est un port. On le connaissait comme port de pêcheurs et de lamaneurs et plus précisément comme le port de Ritzebüttel, raison pour laquelle

Es ist jedenfalls ein Hafen. Man kannte ihn als Fischer- und Lotsenhafen und eben als Hafen von Ritzebüttel, weswegen der Ort 1628 auch Ritsbutler Have genannt wurde. Ein Hafen ist Cuxhaven nach wie vor. Bedeutend ist der Fischereihafen. Container und Autos werden in Cuxhaven verladen. Am Steubenhöft, eine Kaje am Elbstrom, machen große Passagierschiffe fest. Viele Binnenländer kennen Cuxhaven als Festlandshafen für eine Reise nach Helgoland. Sogar im Winter kann man mit einem kleinen seetüchtigen Passagierschiff die Felseninsel in der Deutschen Bucht erreichen.

Die Nähe der Häfen prägt die Stadt. Vom Bahnhof ist es nicht weit bis zur Alten Liebe. Und wenn man auf der Alten Liebe steht, dem alten und ausgedienten Schiffsanleger, der heute eine Aussichtsplattform ist, hört man unter sich das Plätschern der Elbe - vorausgesetzt, der Strom ist ruhig. Wie einst ist Cuxhaven Fischer- und Lotsenort. Die Häfen und die Elbe geben vielen Cuxhavenern Arbeit und Brot, ganz gleich, ob sie Seeleute sind oder eine Landstellung haben. Auch geht Cuxhaven mit der Zeit: Werftarbeiter, einst im Schiffbau tätig, bauen heute Windkraftanlagen für die Windparks in der Nordsee.

Die Häfen, der ständige Schiffsverkehr und das Schreien der ewig hungrigen Möwen machen den Charme der Stadt aus. Hinzu kommen Wind, Strand und Wellen. Alles zusammen ist eine gute Mischung für einen Urlaub.

Wir verlassen Cuxhaven - mit leichtem Gepäck und barfuß. Der Weg geht von Duhnen aus über das Watt nach Neuwerk. Wir

In any case, it is a harbour. It was known as the harbour of Ritzebüttel, a fishing and pilots' harbour, and in 1628 it was already recorded as Ritsbutler Have. And a harbour Cuxhaven is to this day. It is still a famed fishing port. But also containers and cars are transhipped in Cuxhaven while large passenger ships moor at the Steubenhöft, a dock on the river Elbe. Many visitors depart from Cuxhaven on a trip to Heligoland. Even in winter it is possible to reach this rocky island in the Deutsche Bucht on board the small seaworthy passenger ships.

The proximity of harbours has moulded the town. It is not far from the railway station to the Alte Liebe. And standing on the Alte Liebe - the old disused quay and today an observation platform - one can listen to the ripple of the Elbe, if it is quiet all around. As in former times Cuxhaven is a fishing and pilots' town. The harbours and the Elbe provide work and sustenance for many Cuxhaveners, no matter whether they are seamen or work on land. Cuxhaven goes with the times: deckhands, once working in shipping, today are employed in building wind turbines for installation in the North Sea wind farms.

The harbours, the constant shipping traffic and the cries of the ever-hungry seagulls account for the city's charm. And then there is the wind, the beach and the waves. All together a good mixture for a holiday.

We leave Cuxhaven - with light baggage and barefoot. The route leads from Duhnen via the intertidal mudflats to Neuwerk. We have often trodden this path and have

l'endroit fut aussi nommé en 1628 Ritsbutler Have. Après comme avant, Cuxhaven est un port, avec un important port de pêche. On y embarque aussi conteneurs et voitures et à Steubenhöft, sur l'Elbe, accostent de grands paquebots. Pour beaucoup de gens de l'intérieur, Cuxhaven est le port de départ pour Helgoland, cette île rocheuse de la Baie Allemande, accessible même en hiver sur de petits bateaux aptes à tenir la mer.

La ville est marquée par les ports tout proches. Il n'y a pas loin de la gare à l'Alte Liebe. Et une fois sur l'Alte Liebe, cet ancien appontement hors service, aujourd'hui plateforme panoramique, on entend audessous le clapotis de l'Elbe - à condition que le fleuve soit calme. Cuxhaven reste, comme autrefois, la ville des pêcheurs et des lamaneurs. Les ports et l'Elbe donnent à beaucoup d'habitants du travail et du pain, qu'ils soient marins ou qu'ils aient une place à terre. Cuxhaven marche aussi avec son temps : Des ouvriers, autrefois employés sur les chantiers navals, construisent maintenant des éoliennes pour les parcs de la mer du Nord.

Les ports, le trafic maritime constant et le cri des mouettes toujours affamées font le charme de la ville. Avec en plus le vent, la plage et les vagues. Le tout réuni est un bon mélange pour des vacances.

Nous quittons Cuxhaven - avec un léger bagage et pieds nus - de Duhnen vers Neuwerk à travers les Wadden. Nous avons souvent pris ce chemin et toujours nous y avons vu quelque chose de nouveau, de surprenant. Il suffit de regarder.

sind oft diesen Weg gegangen, und immer haben wir Neues, Überraschendes gesehen. Man muss nur gucken.
Neuwerk begrüßte uns mit dem Hinweis, dass wir uns auf hamburgischem Boden befänden. Hamburg-Mitte, denn das Eiland gehört seit 1969 wieder zur Hansestadt. Und Hamburg legt Wert auf saubere Füße. Eine Reihe von Wasserhähnen ist bereit, die im Watt schmutzig gewordenen Füße zu säubern.
Wir haben auf Neuwerk gezeltet, haben dort morgens gebadet und unsere salzverkrustete Haut von Pferden abschlecken lassen. Wir haben dort in einfachen Pensionen gewohnt. Und immer haben wir auf Neuwerk preiswert und zünftig gegessen.
Einmal waren wir auf der rund sechs Kilometer nordwestlich gelegenen Vogelinsel Scharhörn. Damals brauchte man sich vorher beim Vogelwart nicht anzumelden. Man ging einfach rüber.
Der Vogelwart war ein junger Mann, der uns freundlich begrüßte und uns über seine Arbeit informierte. Er war Student. Irgendwann aber guckte er durch sein Fernrohr und teilte uns mit, dass wir uns schleunigst auf den Rückweg nach Neuwerk machen sollten. Denn, so teilte er uns mit, ein Gewitter sei im Anmarsch.
Wir glaubten ihm, obwohl wir selbst nicht die Spur eines Gewitters erblicken konnten, wünschten ihm für die Zukunft alles Gute und liefen zügig los. Auf halbem Weg nach Neuwerk erblickten wir das uns entgegenkommende »Gewitter«. Es war eine junge Dame.

always seen something new and surprising. One only has to look.
Neuwerk welcomed us with a notice that we are on Hamburg soil, Hamburg-Mitte; the isle became part of the Hanseatic City again in 1969. And Hamburg attaches importance to clean feet. A number of water taps are provided so that feet can be cleaned having crossed the mudflats.
We camped on Neuwerk, went swimming in the morning and let our salty skins be licked by horses. We stayed in simple guesthouses. And we always had great food well worth the money. Once we went to the bird island of Scharhörn about six kilometers to the northwest. At that time it was not necessary to register in advance with the ranger. One could just go across. The ranger was a young man who greeted us in a friendly manner and informed us about his work. He was a student. After some time he looked through his binoculars and told us we should quickly return to Neuwerk, as a thunderstorm was brewing.
We believed him although we ourselves were not able to see the slightest trace of an approaching storm. We wished him all the best for the future and speedily headed back. Halfway to Neuwerk we encountered the oncoming "thunderstorm". It was a young lady!

Neuwerk nous accueille en nous indiquant que nous sommes sur le territoire d'Hambourg. Hambourg-centre, car l'île fait de nouveau partie depuis 1969 de la ville hanséatique. Et Hambourg, tenant à la propreté des pieds, a disposé une rangée de robinets, pour nettoyer les pieds salis par la vase des Wadden.
Nous campons sur Neuwerk, nous nous y baignons le matin et des chevaux lèchent notre peau couverte d'une croute de sel. Nous logeons dans de simples pensions et mangeons toujours bien et à bon marché. Un jour nous nous rendons à environ 6 kms au NW sur l'île aux oiseaux Scharhörn, sur laquelle on n'a pas besoin à cette époque de prévenir le garde ornithologique, un jeune homme qui nous salue aimablement et nous parle de son travail. Il est étudiant. Mais ayant à un certain moment regardé dans sa longue-vue, il nous informe que nous devons très rapidement prendre le chemin du retour vers Neuwerk, car un orage approche.
Nous le croyons, bien que ne percevant nous-mêmes aucun signe d'orage, lui souhaitons bonne chance et partons rapidement. A mi-chemin de Neuwerk nous apercevons « l'orage » venant à notre rencontre. C'est une jeune dame.

Das sommerliche Cuxhaven bedeutet vor allem Strand. Denn mehr als zehn Kilometer Sand- und Grünstrand führen von Grimmershörn über Döse und Duhnen bis nach Sahlenburg - immer an der Elbe entlang, dort, wo sich der Strom auf 15 Kilometer Breite weitet und sich mit der Nordsee vereint.

Cuxhaven in the summer means first and foremost the beach. More than ten kilometers of sandy and grassy beaches extend from Grimmershörn via Döse and Duhnen to Sahlenburg, always along the Elbe where the river widens to 15 kilometers and enters the North Sea.

Cuxhaven en été, c'est avant tout la plage. Plus de 10 kms de sable et de verdure mènent en effet de Grimmershörn à Sahlenburg par Döse et Duhnen - tout au long de l'Elbe, là où le fleuve atteint 15 kms de largeur et se mêle à la mer du Nord.

Vor und hinter dem Deich spielt sich das Ferienleben in Cuxhaven ab. Man trifft sich mit alten und neuen Bekannten auf der Strandpromenade, macht es sich mit einem Schmöker im Strandkorb gemütlich, fährt mit der Strandbahn, lässt sich zwischendurch eine Tasse Kaffee servieren und sucht Erfrischung im Wasser.

Holiday activities in Cuxhaven take place both in front of and behind the dyke. One meets old and new acquaintances on the beach promenade, settles down comfortably in a beach chair for a good read, takes the beach tram, is served with the occasional cup of coffee, and finds recreation in the water.

C'est autour de la digue que se déroulent les vacances à Cuxhaven. On se retrouve sur la promenade avec d'anciennes et de nouvelles connaissances, on se met à l'aise avec un bouquin dans la guérite de plage, on prend le petit train, entretemps on se fait servir un café et on cherche la fraicheur dans l'eau.

Auch wenn das Wetter mal unruhig ist - macht nichts. Wer Lust hat, kann mit aufgekrempelten Hosenbeinen der Flut entgegengehen. Aber nicht zu weit. Auch neuere Wassersportarten werden in Cuxhaven angeboten. So gibt es mehrere Reviere, in denen Kite-Surfen sehr gut möglich ist (siehe Bild unten rechts).

Even if the weather is unsettled - no matter. Those who feel like it can walk out towards the incoming tide with rolled-up trouser legs. But not too far. Also, new water sports are on offer in Cuxhaven. There are several areas suitable for kite surfing (see photograph below right).

Même par gros temps - aucune importance. On peut, si l'on veut, s'avancer vers les vagues, jambes de pantalon retroussées, mais pas trop loin. Cuxhaven propose aussi de plus récents sports nautiques et il y a plusieurs secteurs possibles pour le Kitesurf (photo en bas à droite).

Die Kugelbake ist der nördlichste Punkt des Landes Niedersachsen. Sie ist das Wahrzeichen Cuxhavens. Das etwa 30 Meter hohe Seezeichen wurde im Jahre 1703 errichtet - es ist damit das älteste Seezeichen an der Elbe. Mehrfach wurde die Kugelbake bei Sturmfluten zerstört. 1924 erhielt sie ihr heutiges Aussehen.

The Kugelbake is the northernmost point of the State of Lower Saxony. It is Cuxhaven's landmark. The 30 m high navigation mark was first erected in 1703 and is thus the oldest along the river Elbe. The Kugelbake has been destroyed by storm tides on several occasions. Its present appearance dates from 1924.

La balise Kugelbake est le point le plus au nord du Land de Basse-Saxe. Elle est l'emblème de Cuxhaven. Cet amer haut d'environ 30 m fut érigé en 1703 - étant ainsi le plus ancien sur l'Elbe. La Kugelbake fut plusieurs fois détruite lors de tempêtes. Son aspect actuel date de 1924.

Nachdem das Seebad Cuxhaven 1816 vom Hamburger Amtmann Amandus Augustus Abendroth bei der Alten Liebe gegründet worden war, dauerte es einige Zeit, bis es sich elbeabwärts vergrößerte. Ende des 19. Jahrhunderts entstanden bei Grimmershörn Badeanstalten. Heute erstreckt sich dort ein gepflegter Grünstrand.

After the seaside resort of Cuxhaven was founded by the Hamburg magistrate Amandus Augustus Abendroth in 1816 by the Alte Liebe, it was some time before it expanded down-river. At the end of the 19th century bathing houses began to appear near Grimmershörn. Today, there is a well-tended grassy beach.

Après la création en 1816 à l'Alte Liebe de la station balnéaire de Cuxhaven par le Hambourgeois Abendroth, il fallut quelque temps jusqu'à son développement en aval de l'Elbe. Fin du 19ème s. apparurent à Grimmershörn des établissements de bains. Aujourd'hui s'y étend une plage de verdure entretenue.

Der etwa 25 Meter hohe »Hamburger Leuchtturm« liegt unweit der Alten Liebe. Er wurde 1803 von den Hamburgern erbaut, denen damals das Land gehörte. Die Betriebszeit des vierstöckigen Turmes, dessen Lampen zunächst mit Rüböl betrieben wurden, endete 2001. Er wird heute privat genutzt.

The 25 m high "Hamburg Lighthouse" is located near the Alte Liebe. It was built in 1803 by those Hamburg citizens who owned the land at the time. The four-storey tower, whose lights initially ran on rapeseed oil, went out of operation in 2001. Today it is privately owned.

Non loin de l'Alte Liebe, le « phare d'Hambourg », haut d'environ 25 m, fut construit en 1803 par Hamburg à qui la région appartenait alors. L'activité de cette tour de 4 étages, dont les lampes fonctionnaient initialement à l'huile de colza, cessa en 2001. Elle est aujourd'hui du domaine privé.

Im Schloss Ritzebüttel gehören der Festsaal und die Wohnung des Hamburger Amtmannes zu den besonderen Sehenswürdigkeiten. Im Park des Schlosses steht seit 1847 das »Schweizerhaus«, das 2002 zu verfallen drohte. Engagierte Cuxhavener haben das Haus restauriert. Es wird von Spenden unterhalten.

The great hall and the living quarters of the Hamburg magistrate are amongst the special sights of Ritzebüttel Castle. The "Schweizerhaus", which in 2002 was in danger of falling into disrepair, has been a feature of the castle gardens since 1847. Committed Cuxhaveners restored the house and its maintenance is funded by donations.

Dans le château de Ritzebüttel, la salle de réception et les appartements du bailli venu d'Hambourg font partie des curiosités. Dans le parc du château se trouve depuis 1847 le « chalet suisse » qui menaçait en 2002 de s'écrouler, mais fut restauré par des habitants de Cuxhaven très engagés. Il est maintenant entretenu grâce à des dons.

Das Schloss Ritzebüttel wurde 1398 als Wohnturm erbaut und erhielt einen Befestigungsgürtel aus Wall und Graben. Aus dem Gürtel wurde der Schlosspark. Den Zinnenkranz erhielt das Schloss im 19. Jahrhundert. Der zweigeschossige barocke Anbau mit seiner repräsentativen Freitreppe kam Mitte des 18. Jahrhunderts hinzu.

Ritzebüttel Castle was built in 1398 as a residential tower with a protective wall and moat. The area around the castle later became the castle gardens. The battlements were added in the 19th century and the two-storey Baroque extension, with its prestigious outside staircase, in the mid-18th century.

Le château de Ritzebüttel fut bâti en 1398 pour être habité et fut entouré d'une ceinture fortifiée d'un remblai et d'un fossé, qui devint le parc du château. La couronne de créneaux du château date du 19$^{\text{ème}}$ s. La construction baroque de 2 étages et son perron représentatif s'y ajoutèrent au milieu du 18$^{\text{ème}}$ s.

Kultur-
Information
Stadt Cuxhaven

Der Wasserturm, gelegen unweit des Cuxhavener Bahnhofes, ist eines der Wahrzeichen der Stadt. Der 47 Meter hohe Turm wurde im Jahre 1897 erbaut. Noch bis ins Jahr 2007 spielte er eine wichtige Rolle in der Trinkwasserversorgung der Stadt. Heute hat sich dort unter anderem die Verbraucherzentrale eingerichtet.

The water tower located not far from Cuxhaven railway station is one of the town's landmarks. The 47 m high tower was built in 1897. It played an important role in the provision of drinking water to the town until 2007. Today, amongst others, the consumer advice centre is housed here.

Le château d'eau, non loin de la gare de Cuxhaven, est l'un des emblèmes de la ville. Haut de 47 m, il fut construit en 1897 et joua jusqu'en 2007 encore un rôle important dans l'alimentation en eau potable de la ville. Aujourd'hui s'y est installée entre autres l'agence centrale des consommateurs.

Der ältere Teil des Cuxhavener Rathauses wurde 1917, also während des Ersten Weltkriegs, errichtet. Es ist ein schlichter Bau, über dessen Eingang sich drei Wappen befinden: In der Mitte das Cuxhavener Wappen mit der Kugelbake, rechts und links davon das Hamburger Wappen und der Reichsadler.

The older part of Cuxhaven town hall was built in 1917 during World War I. It is a plain building with three coats of arms above the entrance: in the middle the Cuxhaven coat of arms with the Kugelbake, and to the right and the left the Hamburg coat of arms and the imperial eagle.

La plus ancienne partie de l'hôtel de ville de Cuxhaven, édifié en 1917, pendant la Première Guerre Mondiale, est une construction modeste avec 3 armoiries au-dessus de l'entrée : au milieu celle de Cuxhaven avec la Kugelbake, à droite et à gauche celle d'Hambourg et l'aigle impérial.

Die Deichstraße, auf unserem Bild im Hintergrund zu sehen, führt zum Deich, aber auch zur Alten Liebe. Sie ist ein Schatzkästchen. In den Häusern aus der Gründerzeit befinden sich interessante Geschäfte, und wer Hunger hat, braucht die Straße nicht hungrig zu verlassen. Vorn: der historische Frachtsegler »Hermine« aus dem Jahre 1904.

Deichstraße, seen in the background of this photograph, leads to the dyke and also to the Alte Liebe. It is a real treasure trove. Interesting shops are located in Wilhelminian-style buildings and there is no need to venture further if one is hungry. In the foreground: the historic freight sailboat "Hermine" dating from 1904.

La Rue de la Digue, en arrière plan sur la photo, mène à la digue, mais aussi à l'Alte Liebe. C'est un véritable écrin. Dans les maisons datant de l'époque de la fondation se cachent d'intéressants commerces et il est inutile de quitter la rue pour apaiser sa faim. Devant : « l'Hermine », historique voilier de transport de fret de 1904.

Der 260 Meter lange französische Flugzeugträger »Charles de Gaulle« passierte 2010 die Alte Liebe, um am Cuxhavener Steubenhöft festzumachen. Das Schiff wurde von Tausenden Schaulustigen begrüßt. Viele von ihnen hatten sich gute Plätze auf der Alten Liebe (Mitte rechts) gesichert, auf der berühmten Cuxhavener Anlegebrücke.

The 260 m long French aircraft carrier "Charles de Gaulle" passed by the Alte Liebe in 2010 on its way to dock at Cuxhaven's Steubenhöft. The ship was welcomed by thousands of onlookers. Many had secured a good vantage point on the Alte Liebe (centre right), the famous Cuxhaven pier.

Le porte-avions français « Charles de Gaulle », long de 260m, doubla en 2010 l'Alte Liebe, pour aller s'amarrer au Steubenhöft. Il fut salué par des milliers de badauds. Beaucoup s'étaient assuré de bonnes places sur l'Alte Liebe (centre droit), le célèbre embarcadère de Cuxhaven.

Das Feuerschiff »Elbe 1« lag bis 1988 in der Elbmündung und wies als schwimmender Leuchtturm den Schiffen einen sicheren Weg. Heute ist es ein Museumsschiff in Cuxhaven. Auf der Elbe fährt das Kreuzfahrtschiff »Norwegian Dream« der Norwegian Cruise Line vorüber. Es ist nicht mehr in Fahrt.

The "Elbe 1" lightship was moored in the estuary of the Elbe until 1988 as a floating guide to shipping. Today it is a museum ship in Cuxhaven and no longer in operation. The Norwegian Cruise Line's "Norwegian Dream" is passing by on the Elbe.

Le bateau-phare « Elbe 1 », jusqu'en 1988 à l'embouchure de l'Elbe, indiquait aux navires, tel un phare flottant, une route sécurisée. Aujourd'hui c'est un bateau-musée à Cuxhaven. On voit passer sur l'Elbe le paquebot de croisière « Norwegian Dream » de la Norwegian Cruise Line, qui n'est plus en activité.

Das Steubenhöft ist eine Pier, von der aus Passagierschiffe nach New York abfuhren. Die Pier (Seemannssprache: weiblich) trägt den Namen des Generals von Steuben, der 1778 die amerikanische Revolutionsarmee auf ihren Kampf gegen die Briten vorbereitete. Am Steubenhöft liegt das Kreuzfahrtschiff »C. Columbus«.

The Steubenhöft is a quay from which passenger boats sailed to New York. It is named after General von Steuben who in 1778 trained the American revolutionary forces in preparation for their fight against the British. The cruise liner "C. Columbus" is moored at the Steubenhöft.

Le Steubenhöft est un quai, d'où embarquaient les passagers pour New-York. Le quai (féminin dans le langage marin) porte le nom du Général von Steuben, qui en 1778 entraina au combat contre les Britanniques l'armée révolutionnaire américaine. Au Steubenhöft est amarré le paquebot de croisière « C. Columbus ».

Die beste Aussicht auf die »Queen Mary 2« haben die Cuxhavener bei der Kugelbake. Fast auf Rufweite fährt das Flaggschiff der britischen Cunard Line an ihr vorüber. Die »Queen Mary 2« gehört zu den größten Schiffen der Welt und ist eines der wenigen, die noch im Transatlantikverkehr eingesetzt werden.

For the people of Cuxhaven the best view of the "Queen Mary 2" is from the Kugelbake. The British Cunard Line flagship passes by almost within hailing distance. The "Queen Mary 2" is one of the largest ships in the world and one of the few still operating on the transatlantic route.

C'est de la balise Kugelbake que les habitants de Cuxhaven ont la meilleure vue sur le « Queen Mary 2 ». Le vaisseau-amiral de la Cunard Line britannique y passe presque à portée de voix. Il fait partie des plus grands bateaux du monde et il est l'un des rares à effectuer encore un trafic transatlantique.

Gern wird Cuxhaven von den großen Windjammern angelaufen, und manchmal trifft sich hier eine ganze Flotte von Seglern. Einer der bekanntesten Windjammer ist das russische Segelschulschiff »Mir« (vorn links). Das Vollschiff wurde 1987 in Dienst gestellt. Es gehört zu den größten Segelschiffen der Welt.

Cuxhaven is a popular port of call for windjammers and sometimes a whole fleet of them congregates here. One of the best-known windjammers is the Russian sail training ship "Mir" (left foreground). The full-rigged ship came into service in 1987. It is one of the biggest sailing ships in the world.

Les vieux gréements aiment faire escale à Cuxhaven et parfois toute une flotte de voiliers s'y rassemble. L'un des vieux gréements les plus connus est le voilier-école russe « Mir » (devant à gauche), un trois-mâts mis en service en 1987 et qui fait partie des plus grands voiliers du monde.

Für große Pötte ist die Schiffsbrücke Alte Liebe nicht gedacht. Sie ist heute eine Aussichtsplattform. 1732 wurde zum Schutze des Hafens ein Wellenbrecher durch drei versenkte Schiffe errichtet. Eines der Schiffe soll »Die Liebe« geheißen haben. Als das Bollwerk ein Anleger wurde, gab man ihm den Namen Alte Liebe.

The Alte Liebe pontoon bridge is not intended for big ships. Today it is a viewing platform. It was constructed from three scuttled ships in 1732 as a breakwater to protect the harbour. One of the ships is said to have been named "Die Liebe". When this bulwark became a pier it was named Alte Liebe.

L'embarcadère Alte Liebe n'est pas destiné aux gros tonnages. C'est aujourd'hui une plate-forme panoramique. En 1732 un brise-lames formé de 3 bateaux échoués protégea le port. L'un des bateaux s'appelait -dit-on- « Die Liebe » et quand ce rempart devint un appontement, on le nomma Alte Liebe.

Ein gewohntes Bild sind die immer größer werdenden Containerfrachter auf der Elbe. Es sind Spezialfrachtschiffe zum Transport von Gütern in Containern, die im Schiffsinnern und hochgestapelt auf dem freien Oberdeck befördert werden. Die ersten Container-Linien wurden 1966 auf dem Nordatlantik eröffnet.

The ever bigger container ships on the Elbe are a familiar sight. They are special freight ships for the transport of goods in containers which are stacked one on top of the other rising high above the upper deck. The first container lines on the North Atlantic started operations in 1966.

Les porte-conteneurs toujours plus grands sur l'Elbe sont un spectacle familier. Ce sont des cargos spécialisés dans le transport des marchandises en conteneurs stockés à l'intérieur du bateau ou sur le pont supérieur. Les 1ères lignes maritimes pour conteneurs furent inaugurées en 1966 dans l'Atlantique-nord.

Cuxhaven ist stark engagiert im Offshore-Windkraftanlagenbau. Es geht dabei um Windparks in Küstennähe. So ist ein Windpark in der Nähe von Helgoland geplant. Mächtige Windmühlen drehen sich bereits 45 Kilometer von Borkum entfernt. Sie sind bis zu 180 Meter hoch und ruhen auf 45 Meter hohen Betonfundamenten.

Cuxhaven is very much committed to offshore wind power generation; that is, to the establishment of wind farms near the coast. One such wind farm is planned near Heligoland. Mighty wind turbines are already in operation 45 kilometers off Borkum. They are up to 180 m in height and are mounted on 45 m high concrete foundations.

Cuxhaven est très engagée dans la construction d'éoliennes off-shore. Il s'agit de parcs éoliens proches de la côte. Il y a ainsi un projet de parc éolien à proximité d'Helgoland. Ces puissants moulins à vent, allant jusqu'à 180 m de haut et reposant sur des fondations de 45 m de béton, tournent déjà à 45 kms de Borkum.

Vom Auto bis zum Fisch - es gibt nichts, was in Cuxhaven nicht verladen oder angelandet wird. Links oben: Autoverladung. Rechts oben: Im Fischereihafen. Links unten: Neuer Fischereihafen mit Fischhalle X. Und Emma, wie nach Christian Morgenstern alle Möwen heißen, guckt sich das alles in Ruhe an.

From cars to fish - there is nothing that cannot be landed or transhipped in Cuxhaven. Upper left: car transhipment. Upper right: in the fishing harbour. Lower left: new fishing harbour with fish hall X. And Emma - the name of every seagull according to Christian Morgenstern - casts an eye on what is happening round about.

De la voiture au poisson - il n'y a rien qui ne soit embarqué ou débarqué à Cuxhaven. En haut à gauche : chargement de voitures. En haut à droite : le port de pêche. En bas à gauche : le nouveau port de pêche et la halle aux poissons X. Et Emma, comme se nomment toutes les mouettes selon Christian Morgenstern, considère tout cela paisiblement.

DFDS

Nahe der Kugelbake liegt - gleich hinter dem Deich - das Fort Kugelbake (Bildmitte). Es ist eine von Preußen 1869 an der Mündung der Elbe gebaute Küstenverteidigungsanlage, die letzte, die in Deutschland erhalten geblieben ist. Das Fort, in dem auch eine historische Heeres-Fliegerabwehrkanone (Flak) steht, kann besichtigt werden.

Near to the Kugelbake, and just behind the dyke, is Fort Kugelbake (centre). It is a coastal defence complex built in 1869 by Prussia at the mouth of the Elbe and is the last of its kind to survive in Germany. The fort houses a historic army anti-aircraft gun (flak) and is open to visitors.

Près de la balise Kugelbake -juste derrière la digue - se trouve le Fort Kugelbake (centre de la photo), l'une des fortifications côtières construite par la Prusse en 1869 à l'embouchure de l'Elbe, la dernière en Allemagne à être restée intacte. On peut visiter le Fort et voir son historique canon antiaérien (Flak).

Von der Kugelbake aus führt ein kilometerlanger Sandstrand über Döse und Duhnen nach Sahlenburg. Jeder dieser Ortsteile hat seinen eigenen Charakter, gemütlich, nobel, sportlich. Und jeder von ihnen hat unter den Touristen seine Freunde. Gemeinsam aber haben sie den Strand und - bis zum Horizont - die See.

From the Kugelbake, a several kilometer long sandy beach extends via Döse and Duhnen as far as Sahlenburg. Each of these districts has its own character: cosy, posh, sporty. And each of them is favoured by a particular type of tourist. However, they all have the beach in common - and the sea as far as the horizon.

Une longue plage de sable mène de la Kugelbake à Sahlenburg par Döse et Duhnen. Chacun de ces quartiers a son propre caractère, intime, noble, sportif, et chacun d'entre eux a ses adeptes parmi les touristes. Mais ils ont en commun la plage et - jusqu'à l'horizon - la mer.

Der Ortsteil Duhnen ist das Herz des Seebades Cuxhaven. Das »Dorf in den Dünen« wurde 1325 erstmals erwähnt. Die Menschen ernährten sich kümmerlich von Ackerbau und Fischerei. 1887 erbauten die Hamburger in Duhnen ein Kinderheim. 1902 wurde Duhnen Badeort und 1935 nach Cuxhaven eingemeindet.

Duhnen is the heart of the seaside resort of Cuxhaven. The "village in the dunes" was first mentioned in 1325. Those living there subsisted meagrely from farming and fishing. In 1887 the City of Hamburg built a children's home in Duhnen. In 1902 Duhnen became a spa and in 1935 was incorporated with Cuxhaven.

Duhnen est le cœur de la station balnéaire de Cuxhaven. Ce « village dans les dunes » fut mentionné en 1325 pour la première fois. Les gens vivaient pauvrement de culture et de pêche. En 1887 les habitants de Hambourg y construisirent une maison d'enfants et Duhnen devint en 1902 station balnéaire, puis fut annexée en 1935 à Cuxhaven.

Sahlenburg liegt zwischen der Duhner Heide und dem Wernerwald im Westen Cuxhavens. Der von den Hamburgern 1880 angelegte Wernerwald (rechts) ist der einzige Wald an der deutschen Nordseeküste, der unmittelbar zum Wattenmeer übergeht. Links oben, am Weg zum Strand, das Wattenmeer-Besucherzentrum, in dem ausführlich über das UNESCO-Weltnaturerbe informiert wird.

Sahlenburg is located between Duhner Heide and Wernerwald to the west of Cuxhaven. Wernerwald (right) was established by the city of Hamburg in 1880 and is the only forest on the German North Sea coast immediately adjacent to the tidal flats. Above left, on the way to the beach, is the Wadden Sea Visitor Centre where detailed information about this UNESCO World Heritage Site is provided.

Sahlenburg est située entre Duhner Heide et Wernerwald à l'ouest de Cuxhaven. La forêt Wernerwald (à droite), plantée en 1880 par les Hambourgeois, est la seule de la côte allemande de la mer du Nord à s'avancer jusqu'à l'estran. En haut à gauche, sur le chemin de la plage, le Centre d'Information de la Mer des Wadden renseigne les visiteurs en détail sur le Patrimoine Naturel Mondial de l'UNESCO.

Die Insel Neuwerk gehört nicht zu Cuxhaven, sondern zu Hamburg (Bezirk Mitte). Sie liegt etwa elf Kilometer von Duhnen entfernt und ist bei Ebbe zu Fuß oder mit dem Wattwagen zu erreichen. Die Insel hat etwa 40 Einwohner, die früher von der Landwirtschaft, heute aber vom Tourismus leben.

The island of Neuwerk is not part of Cuxhaven, rather it belongs to Hamburg. It is about eleven kilometers from Duhnen and can be reached at low tide on foot or by special carriages. The island has about 40 inhabitants who, in former times, lived off the land and now make a living from tourism.

L'île de Neuwerk ne fait pas partie de Cuxhaven, mais de Hambourg. Située à environ 11 kms de Duhnen, elle est accessible à marée basse à pied ou en charrette attelée. Ses habitants - environ 40 - vivaient autrefois d'agriculture, mais aujourd'hui de tourisme.

Nachbarn von Neuwerk sind die Inseln Scharhörn und Nigehörn, auch sie gehören zu Hamburg. Sie sind ein Vogelschutzgebiet. Das Betreten von Nigehörn ist verboten. Wer nach Scharhörn will, muss vorher Rücksprache mit dem Vogelschutzwart von Scharhörn nehmen. Er ist der einzige Bewohner der Insel.

Scharhörn and Nigehörn are neighbouring islands of Neuwerk and also belong to Hamburg. They are bird sanctuaries. Nigehörn is out of bounds to visitors. Those who want to go to Scharhörn must first contact the ranger who is the island's only resident.

Voisines de Neuwerk, les îles de Scharhörn et Nigehörn font également partie d'Hambourg. Ce sont des réserves ornithologiques. L'accès à Nigehörn est interdit. Quant à Scharhörn, il faut d'abord consulter son gardien, qui est le seul habitant de l'île.

Bei Ebbe erstreckt sich kilometerweit die Wattlandschaft. Erlebnisreich ist eine Wanderung nach Neuwerk. Wer allein geht, sollte sich genau über die Wattlaufzeiten informieren. Denn drei große Priele sind zu überwinden. Bei Ebbe wirken sie harmlos, mit der einsetzenden Flut entwickeln sie sich zu reißenden und unüberwindlichen Strömen.

The mud flats extend out for several kilometers at low tide. A walk to Neuwerk is an adventure. Those crossing alone should first obtain exact tidal information as there are three large tidal channels to cope with. At low tide they seem harmless but with the incoming tide they become impassable, rapidly flowing streams.

A marée basse, les Wadden, cet estran vaseux, s'étend sur des kilomètres. Une randonnée à Neuwerk est une expérience. Si l'on est seul, il faut se renseigner précisément sur les horaires de marées, car il y a 3 grands canaux à traverser. A marée basse ils sont sans danger, mais se transforment à marée montante en rivières torrentielles et infranchissables.

Wer die Fußwanderung über das Watt von Cuxhaven nach Neuwerk scheut, der kann sich den von Pferden gezogenen Wattwagen anvertrauen. Dabei handelt es sich um hochrädrige Kutschen, die von Duhnen und von Sahlenburg aus zu der elf Kilometer entfernt liegenden Hamburger Insel verkehren.

Those not keen to cross the mud flats from Cuxhaven to Neuwerk on foot can entrust themselves to special horse-drawn carriages with high clearance which operate from Duhnen and Sahlenburg across the eleven kilometer stretch to the Hamburg island.

Si l'on redoute la randonnée à pied sur les Wadden de Cuxhaven à Neuwerk, on peut faire confiance aux charrettes tirées par des chevaux. Il s'agit de calèches à hautes roues qui, de Duhnen et de Sahlenbourg, assurent les 11 kms vers l'île et le retour.

Auf der Insel Neuwerk errichteten die Hamburger zwischen 1300 und 1310 einen Wehrturm aus Backsteinen, der 70 Jahre später durch Feuer beschädigt und gleich danach in der heutigen Form, als sechsgeschossiger mächtiger Backsteinturm, wieder aufgebaut wurde. Seit 1814 dient er als Leuchtturm.

Between 1300 and 1310 Hamburg built a brick defence tower on the island of Neuwerk. Seventy years later it was damaged by fire and immediately re-built in its present form as a huge six-storey brick tower. Since 1814 it has functioned as a lighthouse.

Sur l'île de Neuwerk, les habitants d'Hambourg érigèrent entre 1300 et 1310 une tour de défense en briques, qui fut 70 ans plus tard endommagée par le feu et immédiatement reconstruite dans sa forme actuelle, imposante tour en brique de 6 étages. Depuis 1814 elle sert de phare.

Von Cuxhaven aus führt der nächste Seeweg zur Insel Helgoland, die seit 1890 deutsch ist. Eine Tagesreise nach Helgoland gehört zu einem Cuxhaven-Urlaub. Auf der Insel wandert man auf dem Oberland zur Langen Anna. Man spaziert entlang der Hummerbuden zu den Häfen oder besucht die Robben auf der Düne.

The shortest sea journey to Heligoland is from Cuxhaven. A day trip to Heligoland, which became part of Germany in 1890, is a must during a holiday in Cuxhaven. On the island one can walk on the Oberland to Lange Anna. The route passes lobster stalls on the way to the harbours or one can go and see the seals on the dune.

La plus courte voie maritime au départ de Cuxhaven mène à l'île d'Helgoland, allemande depuis 1890. Une journée à Helgoland est indispensable lors de vacances à Cuxhaven. Sur l'île on peut se promener sur le plateau jusqu'au Lange Anna, longer les échoppes à homard jusqu'aux ports ou rendre visite aux phoques sur la dune.

Nächster Nachbar von Cuxhaven ist Otterndorf, die Stadt des Dichters Johann Heinrich Voß, der dort Rektor der Lateinschule war. Otterndorf wirkt mittelalterlich. Doch wo einst im Binnenhafen, dem Großen Specken, Lastkähne mit Torf beladen wurden, bestimmt für Hamburg, bietet sich heute ein verträumtes Bild.

Cuxhaven's nearest neighbour is Otterndorf, the home town of the poet Johann Heinrich Voß who was rector of the Latin school there. Otterndorf has a medieval feel about it. The inner harbour, the Große Specken, where once turf boats bound for Hamburg were loaded, is today a picturesque sight.

Plus proche voisine de Cuxhaven, Otterndorf, la ville du poète J. H. Voss qui y fut recteur de la Lateinschule, a un aspect médiéval. Là où autrefois dans le port intérieur, am Großen Specken, on chargeait les chalands de tourbe destinée à Hambourg, s'offre aujourd'hui à nos yeux une image de rêve.

M.S. »Jens«, eine ehemalige Hamburger Hafenbarkasse, macht von Otterndorf aus Passagierfahrten durch die parkartige Medem-Landschaft, wo sich Wildenten, Graureiher, Wasserhühner und Kormorane Guten Tag sagen. Die Medem ist ein durch Otterndorf fließender Nebenfluss der Elbe.

MS "Jens", a former Hamburg harbour barge, takes passengers from Otterndorf through the park-like Medem countryside where one can encounter wild ducks, grey herons, water hens and cormorants. The Medem is a tributary of the Elbe and flows through Otterndorf.

Le « Jens », une ancienne barcasse du port d'Hambourg, embarque, au départ d'Otterndorf, des passagers pour la visite du site naturel du Medem, où canards sauvages, hérons cendrés, poules d'eau et cormorans se disent bonjour. Le Medem est un affluent de l'Elbe qui traverse Otterndorf.

Das Cuxhavener Land, Flachland ohne besondere Höhenunterschiede (die einzigen Anhöhen sind die Deiche), ist sehr gut geeignet für Radtouren. Außerdem gibt es überall gut ausgebaute Radwege. Nur der Wind kann gelegentlich pusten. Dann empfiehlt es sich, mit dem Wind zu radeln - er kommt meistens aus Nordwest.

The countryside around Cuxhaven is flat lowland without significant height differences (the only elevations are the dykes) and is very good for cycling trips. Well maintained cycling tracks are to be found everywhere. The only obstacle can be the wind which sometimes blows hard. It is then best to cycle with the wind. It blows mainly from the northwest.

La région de Cuxhaven, pays plat sans dénivellations particulières (les seuls tertres sont les digues) convient parfaitement aux excursions à vélo. De plus il y a partout des pistes cyclables bien aménagées. Seul le vent peut à l'occasion souffler. Alors il est recommandé de pédaler avec le vent qui vient le plus souvent du nord-ouest.

St. Nikolaus in Altenbruch, entstanden um 1200, ist eine lang gestreckte Saalkirche aus Feldsteinen mit einer Doppelturmfassade. Die Türme wurden im 15. Jahrhundert erhöht, der Chor neu erbaut. Neben der Kirche, deren Ausstattung zu den bedeutendsten des Landes gehört, steht ein hölzerner Glockenturm.

St. Nikolaus in Altenbruch, dating from around 1200, is a long stone-built hall church with a twin-spired tower. The spires were heightened in the 15th century and the chancel re-built. The church has one of the most striking interiors in the region and there is a wooden bell tower adjacent to it.

St Nicolas à Altenbruch est une église-halle oblongue en pierre avec une façade à double tour, datant de 1200 environ. Les tours furent surélevées au 15ème s et le chœur rénové. A côté de l'église, dont l'aménagement fait partie des plus remarquables de la région, on peut voir un beffroi de bois.

Der Leuchtturm Altenbruch, im Volksmund Dicke Berta genannt, wurde 1897 erbaut. Die Dicke Berta versah ihren Dienst nahezu 100 Jahre. 1983 wurde sie in den Ruhestand geschickt und sollte verschrottet werden. Die Altenbrucher machten aber nicht mit. Heute ist die Dicke Berta ein technisches Museum.

Altenbruch lighthouse, popularly known as Dicke Berta, was built in 1897. Dicke Berta was in operation for almost 100 years. In 1983 it was de-commissioned and was supposed to be scrapped. But the people of Altenbruch would not have it. Today Dicke Berta is a technological museum.

Le phare d'Altenbruch, en langage populaire Dicke Berta, fut construit en 1897. La « Grosse Berta » remplit son office pendant presque 100 ans. En 1983 elle fut mise à la retraite et devait être démantelée. Mais les habitants refusèrent et aujourd'hui c'est un musée technologique.

Südlich vom Wernerwald bei Sahlenburg liegen die Ortschaften Arensch und Berensch. Sie und ihre Umgebung sind ein Paradies für Naturfreunde - für Wanderer, für Radwanderer und für Reiter. Unsere Bilder zeigen die Cuxhavener Küstenheide, eine kleine Herde Wildpferde und einen einsamen Reiter.

The villages of Arensch and Berensch lie to the south of Wernerwald, near Sahlenburg. Their surroundings are a paradise for nature lovers - for walkers, cyclists and horseriders. The photographs show the coastal heaths around Cuxhaven, a small herd of wild horses and a lone rider.

Au sud de la forêt Wernerwald près de Sahlenburg se trouvent les localités d'Arensch et Berensch. Elles sont avec leurs environs un paradis pour les amis de la nature - les randonneurs, les cyclotouristes et les cavaliers. Nos photos montrent la lande côtière de Cuxhaven, un petit troupeau de chevaux sauvages et un cavalier solitaire.

Im Land Wursten, südlich von Cuxhaven, liegen die alten Fischerdörfer Dorum und Wremen, die sich in der zweiten Hälfte des 20. Jahrhunderts zu Nordseebädern gemausert haben - ohne ihr Gesicht zu verlieren. Im Hafen von Dorum ist eine der größten Kutterflotten an der niedersächsischen Nordseeküste beheimatet.

The old fishing villages of Dorum and Wremen lie south of Cuxhaven in the Wursten area. During the second half of the 20th century they have developed into seaside resorts without losing their charm. The harbour at Dorum is home to one of the largest cutter fleets on the North Sea coast of Lower Saxony.

Dans le Land Wursten au sud de Cuxhaven, on trouve les vieux villages de pêcheurs Dorum et Wremen qui ont mué dans la seconde moitié du 20ème s en stations balnéaires de la mer du nord - sans perdre leur apparence. Dans le port de Dorum est basée l'une des plus grandes flotilles de cotres de la côte de Basse-Saxe.

Im Jahre 1906 wurde am Deich des Wremer Kutterhafens ein Leuchtturm errichtet, der wegen seines schwarz-weißen Anstrichs von den Wremern den Namen »Kleiner Preuße« erhielt. Der Turm diente nicht lange und verschwand. Seit 2005 gibt es einen Nachbau. Er steht am Ende des Wremer Hafens unmittelbar am Priel.

In 1906 a lighthouse was built on the dyke at Wremen harbour. On account of its black and white appearance the people of Wremen gave it the name "Little Prussian". The lighthouse did not function for long and disappeared. Since 2005 there has been a replica which is located at the mouth of Wremen harbour adjacent to the tidal channel.

En 1906 on éleva au bord de la digue du port de Wremen un phare, qui reçut le nom de « Kleiner Preuße » (petit Prussien) à cause de sa couleur noire et blanche. Il ne servit pas longtemps et disparut. Depuis 2005 une réplique en a été faite au bout du port de Wremen juste au bord du canal.

Ballspiele am Strand haben sich in den vergangenen Jahren immer mehr durchgesetzt, ja, sie sind zu einer Touristenattraktion geworden. Zu den beliebtesten Sportarten gehören Beach-Volleyball und Beach-Handball. Aber am Strand wird natürlich auch Fußball gespielt.

Ball games on the beach have become increasingly popular in the last few years and are indeed a tourist attraction. The favourite games are beach volleyball and beach handball. Football, of course, is also played on the beach.

Les jeux de ballon sur la plage n'ont cessé de s'imposer ces dernières années et sont même devenus une attraction touristique. Le beach-volley et le beach-handball font partie des sports favoris, mais on y joue bien sûr aussi au football.

OTREMBA Unternehmensgruppe GmbH & Co. KG
Bauschilder | Kfz-Beschriftungen | Leuchtwerbeanlagen | Digitaldruck
Pylone | Messebau | Turnier- und Vereinsbedarf | Stempel jeder Art | Siebdruck
26215 Oldenburg | Langenweg 34
dentaltrade
...faire Leistung, faire Preise
www.dentaltrade.de

Das Duhner Wattrennen, ein »Pferderennen auf dem Meeresgrund«, wird seit 1902 immer im Sommer auf dem Wattenmeer vor Duhnen von Trabern und Galoppern ausgetragen. Es ist eine Veranstaltung, die inzwischen in einem Atemzug mit den Stier-Straßenrennen im spanischen Pamplona und den Hundeschlittenrennen in Alaska genannt wird.

La Course des Wadden de Duhnen, une « course de chevaux sur l'estran », est depuis 1902 disputée toujours en été par des trotteurs et des galopeurs sur la mer des Wadden devant Duhnen. C'est une manifestation devenue entre-temps l'égale des lâchers de taureaux dans les rues de Pampelune en Espagne et des courses de chiens de traîneaux en Alaska.

Both trotting and galloping races on the tidal flats of Duhnen, "horse races on the seabed", have been held every summer since 1902. It has become an event which nowadays is spoken of in the same breath as the bull run in the Spanish town of Pamplona and the dogsled races in Alaska.

Sinfonie Sylt

Im Yachthafen von Cuxhaven treffen sich in der Saison Segler aus allen Teilen der Welt. Das ist kein Wunder. Denn die Elbmündung bietet ein ideales Segelrevier. Außerdem ist Cuxhaven Ausgangspunkt für Segeltörns nach Helgoland, wo in jedem Jahr die Nordseewoche, eine Hochsee-Segelregatta in der Deutschen Bucht, stattfindet. Nicht weit elbaufwärts von Cuxhaven beginnt bei Brunsbüttel der Nord-Ostsee-Kanal – für Segler, die in die Ostsee wollen.

In the season one encounters sailors from all over the world in Cuxhaven Marina. This is no surprise, as the mouth of the Elbe is ideal for sailing. Also, Cuxhaven is the starting point for sailing to Heligoland where every year a high-seas sailing regatta, the Nordseewoche, is held in the Deutsche Bucht. At Brunsbüttel, not far up-river from Cuxhaven, the Kiel Canal begins and gives sailors access to the Baltic Sea.

Dans le port de plaisance de Cuxhaven se côtoient pendant la saison des voiliers venus de tous les coins du monde. Ce n'est pas étonnant car l'embouchure de l'Elbe offre un cadre idéal pour la voile. De plus Cuxhaven est le point de départ des sorties en mer vers Helgoland où a lieu chaque année la Semaine de la Mer du Nord, une régate de voiliers en haute mer dans la Baie Allemande. Pas très loin, en amont de Cuxhaven, s'ouvre près de Brunsbüttel le canal Mer du Nord-Baltique, pour ceux qui veulent rejoindre la mer Baltique à la voile.

Das Watt von Cuxhaven mit dem weit entfernten Neuwerk in der Abendsonne. Und eine einsame Möwe - nun gut, so einsam ist sie nicht. Denn das Watt lebt und bietet der Möwe einen reich gedeckten Abendbrottisch. Morgen aber beginnt ein neuer Tag mit Ebbe und Flut und mit neuen Cuxhaven-Erlebnissen.

The tidal flats at Cuxhaven and the distant island of Neuwerk in the evening sun. And a lone seagull - well, not that alone. Because the tidal flats are very much alive and provide a rich and plentiful evening meal. Tomorrow another day begins, a day with low and high tides and new adventures to be experienced in and around Cuxhaven.

Les Wadden de Cuxhaven avec, au loin, Neuwerk sous le soleil couchant. Et... une mouette solitaire - eh bien, soit ! elle n'est pas si seule. L'estran vit et offre à la mouette une table bien garnie pour son repas du soir. Mais demain est un nouveau jour avec son flux, son reflux et de nouvelles aventures à Cuxhaven.